머리가 좋아지는

똑똑
한글

만 5세

개 게 계

지원출판

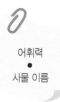
내 이름은 무엇일까요?

그림을 보고 사물의 이름이 무엇인지 큰 소리로 읽어 보세요.

사 자

코끼리

악 어

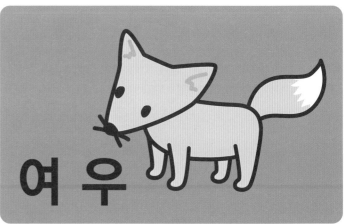

여 우

호랑이

하 마

읽고 쓰며 복습해요.

빈 칸에 글자를 따라 써 보고, 그림자로 가려진 부분에 스티커를 붙여 보세요.

사	자

코	끼	리

악	어

여	우

호	랑	이

하	마

내 이름은 무엇일까요?

그림을 보고 사물의 이름이 무엇인지 큰 소리로 읽어 보세요.

오 리

닭

돼 지

토 끼

강아지

고양이

읽고 쓰며 복습해요.

빈 칸에 글자를 따라 써 보고, 그림자로 가려진 부분에 스티커를 붙여 보세요.

오	리

닭

돼	지

토	끼

강	아	지

고	양	이

내 이름은 무엇일까요?

그림을 보고 사물의 이름이 무엇인지 큰 소리로 읽어 보세요.

고구마

당 근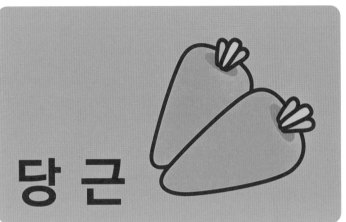

가 지

토마토

호 박

오 이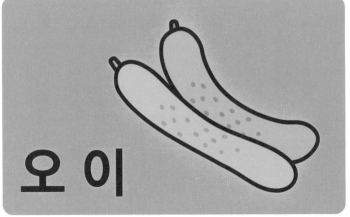

읽고 쓰며 복습해요.

빈 칸에 글자를 따라 써 보고, 그림자로 가려진 부분에 스티커를 붙여 보세요.

고	구	마

당	근

가	지

토	마	토

호	박

오	이

내 이름은 무엇일까요?

그림을 보고 사물의 이름이 무엇인지 큰 소리로 읽어 보세요.

포 도

레 몬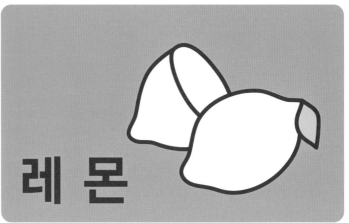

사 과

파인애플

바나나

수 박

읽고 쓰며 복습해요.

빈 칸에 글자를 따라 써 보고, 그림자로 가려진 부분에 스티커를 붙여 보세요.

포	도

레	몬

사	과

파	인	애	플

바	나	나

수	박

9

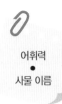

내 이름은 무엇일까요?

어휘력
·
사물 이름

그림을 보고 사물의 이름이 무엇인지 큰 소리로 읽어 보세요.

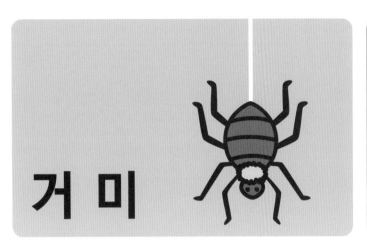

거 미

나 비

개 미

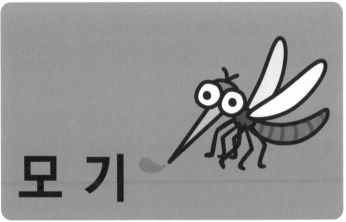

모 기

잠자리

파 리

읽고 쓰며 복습해요.

빈 칸에 글자를 따라 써 보고, 그림자로 가려진 부분에 스티커를 붙여 보세요.

거	미

나	비

개	미

모	기

잠	자	리

파	리

내 이름은 무엇일까요?

그림을 보고 사물의 이름이 무엇인지 큰 소리로 읽어 보세요.

게

물고기

고 래

거 북

문 어

오징어

읽고 쓰며 복습해요.

빈 칸에 글자를 따라 써 보고, 그림자로 가려진 부분에 스티커를 붙여 보세요.

게

물	고	기

고	래

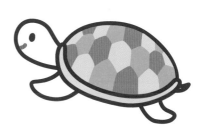

거	북

문	어

오	징	어

재미있는 낱말퍼즐

퍼즐의 빈 칸에는 보기의 글자가 각각 들어가요.
빈 칸에 알맞은 글자 스티커를 붙여 낱말퍼즐을 완성해 보세요.

보기

오, 고, 호,
이, 지, 끼, 마

고
양
랑
박
릴 라
구
하

15

재미있는 낱말퍼즐

퍼즐의 빈 칸에는 보기의 글자가 각각 들어가요.
빈 칸에 알맞은 글자 스티커를 붙여 낱말퍼즐을 완성해 보세요.

보기

미,나,파,어,기

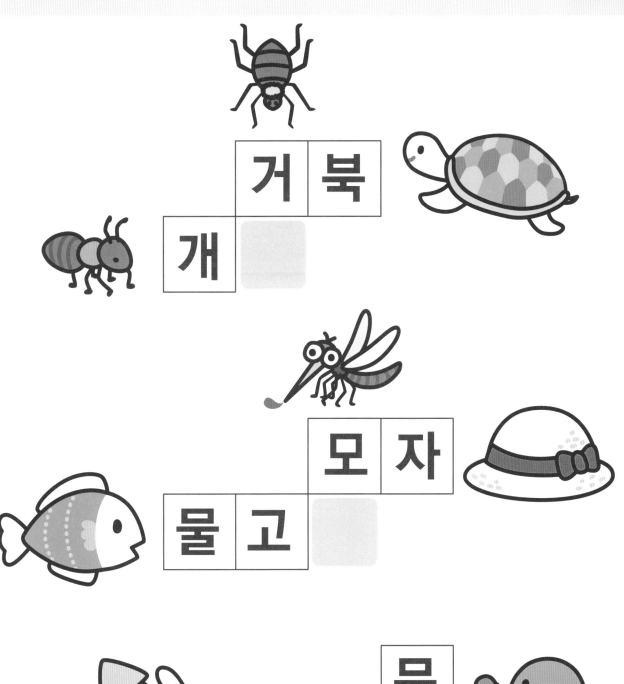

거 북

개 □

모 자

물 고 □

문

오 징 □

재미있는 끝말잇기

구름안의 그림을 잘 보고, 빈 칸에 맞는 낱말 스티커를 붙여 보세요.

소 라

디 오

이

바 나 나

비

누

양 파

리

본

구 두

□ 더 지

□ 도

의 자

□ 전 거

□ 미

산 호

□ 랑 이

□ 불

이중모음

'ㅐ'와 'ㅔ'

'ㅐ'와 'ㅔ'가 들어가는 글자는 무엇이 있는지 그림을 보고 따라 써 보세요.

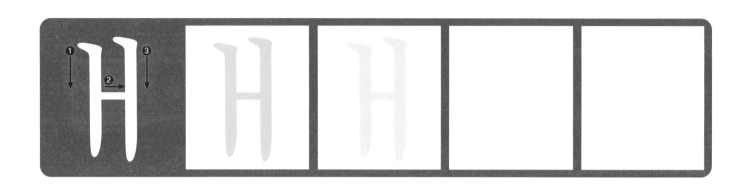

개미

개	미

조개

조	개

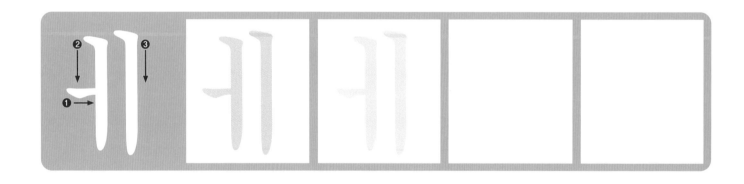

레몬

레	몬

게

게

20

이중모음 'ㅒ'와 'ㅖ'

'ㅒ'와 'ㅖ'가 들어가는 글자는 무엇이 있는지 그림을 보고 따라 써 보세요.

애기

애기

시계

시계

예쁘다

예쁘다

21

'과'와 '궈'

이중모음

'과'와 '궈'가 들어가는 글자는 무엇이 있는지 그림을 보고 따라 써 보세요.

사과

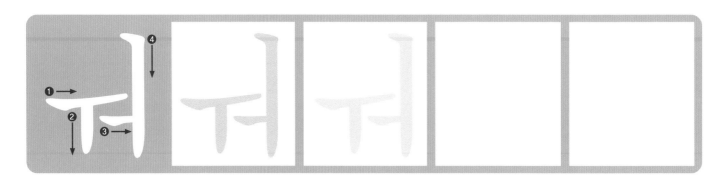

화가

샤워

병원

이중모음

'ㅚ'와 'ㅟ'

'ㅚ'와 'ㅟ'가 들어가는 글자는 무엇이 있는지 그림을 보고 따라 써 보세요.

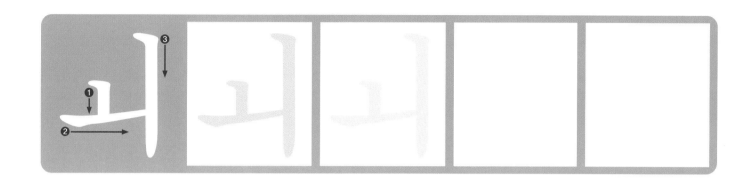

열쇠

열	쇠

참외

참	외

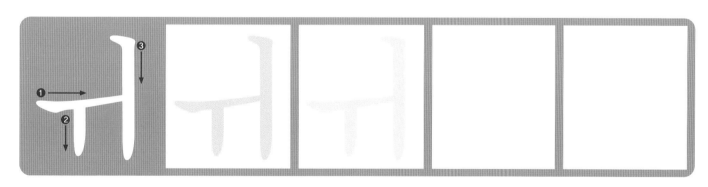

다람쥐

다	람	쥐

귀

귀

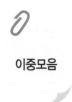

'쾌'와 '웨'

'쾌'와 '웨'가 들어가는 글자는 무엇이 있는지 그림을 보고 따라 써 보세요.

돼지저금통

돼	지	저	금	통

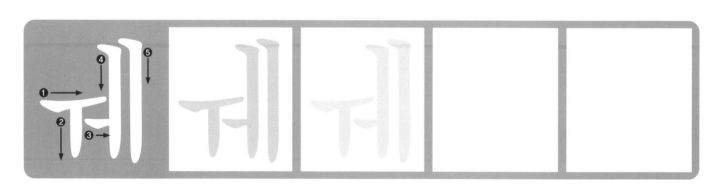

웨딩드레스

웨	딩	드	레	스

이중모음

'ㅢ'

'ㅢ'가 들어가는 글자는 무엇이 있는지 그림을 보고 따라 써 보세요.

의사

의사

의자

의자

다시 한번 따라 써 보세요.

ㅐ	ㅔ	ㅒ	ㅖ	ㅘ	ㅝ

ㅚ	ㅟ	ㅙ	ㅞ	ㅢ	

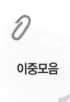

이중모음이 들어간 단어들

그림과 맞는 단어를 찾아 선으로 연결해 보세요.

 •　　　　　•　샤 워

 •　　　　　•　화 가

 •　　　　　•　참 외

 •　　　　　•　사 과

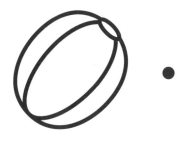 •　　　　　•　열 쇠

이중모음이 들어간 단어들

그림과 맞는 단어를 찾아 선으로 연결해 보세요.

 •   • 다람쥐

 •   • 귀

 •   • 돼지저금통

 •   • 의 사

 •   • 의 자

이중모음 복습하기

그림에 들어간 이중모음을 잘 보고,
각 모음과 같은 색으로 빈 칸을 색칠해 예쁜 그림을 완성해 보세요.

28

ㅐ
ㅔ
ㅐ
ㅕ
ㅠ
ㅛ
ㅖ
ㅗ
ㅖ
ㅒ
ㅝ

29

'ㄱ'받침이 있는 글자

'ㄱ'받침이 있는 글자는 어떤 것이 있는지 그림을 보고 글자를 따라 써 보세요.

수박

바 + ㄱ = 박

수	박

목도리

모 + ㄱ = 목

목	도	리

공책

채 + ㄱ = 책

공	책

호박

바 + ㄱ = 박

호	박

'ㄴ'받침이 있는 글자

'ㄴ'받침이 있는 글자는 어떤 것이 있는지 그림을 보고 글자를 따라 써 보세요.

주전자

저+ㄴ=**전**

주	전	자

기린

리+ㄴ=**린**

기	린

리본

보+ㄴ=**본**

리	본

연필

여+ㄴ=**연**

연	필

'ㄷ'받침이 있는 글자

'ㄷ'받침이 있는 글자는 어떤 것이 있는지 그림을 보고 글자를 따라 써 보세요.

듣다

드 + ㄷ = 듣

듣	다

돋보기

도 + ㄷ = 돋

돋	보	기

걷다

거 + ㄷ = 걷

걷	다

숟가락

수 + ㄷ = 숟

숟	가	락

'ㄹ'받침이 있는 글자

'ㄹ'받침이 있는 글자는 어떤 것이 있는지 그림을 보고 글자를 따라 써 보세요.

달걀

다 + ㄹ = 달

달	걀

꿀벌

버 + ㄹ = 벌

꿀	벌

저울

우 + ㄹ = 울

저	울

보름달

다 + ㄹ = 달

보	름	달

33

'ㅁ'받침이 있는 글자

'ㅁ'받침이 있는 글자는 어떤 것이 있는지 그림을 보고 글자를 따라 써 보세요.

냄비

내+ㅁ=냄

냄	비

잠자리

자+ㅁ=잠

잠	자	리

다람쥐

라+ㅁ=람

다	람	쥐

곰

고+ㅁ=곰

곰

'ㅂ'받침이 있는 글자

'ㅂ'받침이 있는 글자는 어떤 것이 있는지 그림을 보고 글자를 따라 써 보세요.

장갑

가+ㅂ=갑

장	갑

컵

커+ㅂ=컵

컵

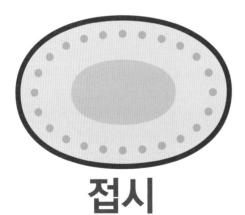

접시

저+ㅂ=접

접	시

공깃밥

바+ㅂ=밥

공	깃	밥

받침있는 글자

'ㅅ'받침이 있는 글자

'ㅅ'받침이 있는 글자는 어떤 것이 있는지 그림을 보고 글자를 따라 써 보세요.

칫솔

치 + ㅅ = 칫

칫	솔

나뭇잎

무 + ㅅ = 뭇

나	뭇	잎

버섯

서 + ㅅ = 섯

버	섯

깃발

기 + ㅅ = 깃

깃	발

'ㅇ'받침이 있는 글자

'ㅇ'받침이 있는 글자는 어떤 것이 있는지 그림을 보고 글자를 따라 써 보세요.

풍선

푸+ㅇ=풍

풍	선

가방

바+ㅇ=방

가	방

양말

야+ㅇ=양

양	말

사탕

타+ㅇ=탕

사	탕

'ㅈ'받침이 있는 글자

'ㅈ'받침이 있는 글자는 어떤 것이 있는지 그림을 보고 글자를 따라 써 보세요.

젖소

저 + ㅈ = 젖

젖	소

짖다

지 + ㅈ = 짖

짖	다

낮잠

나 + ㅈ = 낮

낮	잠

'ㅊ'받침이 있는 글자

'ㅊ'받침이 있는 글자는 어떤 것이 있는지 그림을 보고 글자를 따라 써 보세요.

꽃

꼬 + ㅊ = 꽃

꽃

윷놀이

유 + ㅊ = 윷

윷	놀	이

돛단배

도 + ㅊ = 돛

돛	단	배

꽃병

꼬 + ㅊ = 꽃

꽃	병

'ㅋ', 'ㅌ'받침이 있는 글자

'ㅋ', 'ㅌ'받침이 있는 글자는 어떤 것이 있는지 그림을 보고 글자를 따라 써 보세요.

부엌
어+ㅋ=엌

부	엌

겉옷
거+ㅌ=겉

겉	옷

팥죽
파+ㅌ=팥

팥	죽

'ㅍ', 'ㅎ'받침이 있는 글자

'ㅍ', 'ㅎ'받침이 있는 글자는 어떤 것이 있는지 그림을 보고 글자를 따라 써 보세요.

나뭇잎

이 + ㅍ = 잎

나	뭇	잎

무릎

르 + ㅍ = 릎

무	릎

쌓다

싸 + ㅎ = 쌓

쌓	다

노랗다

라 + ㅎ = 랗

노	랗	다

'ㄱ~ㄴ' 받침있는 글자

그림을 잘 보고, 받침이 바르게 쓰여진 글자를 찾아 동그라미를 그려 보세요.

수박   수밖   수발

공챔   공책   공챈

호밭   호박   호반

영필   열필   연필

리본   리봉   리복

'ㄷ~ㄹ' 받침있는 글자

그림을 잘 보고, 받침이 바르게 쓰여진 글자를 찾아 동그라미를 그려 보세요.

돈보기 돋보기 독보기

숟가락 숨가락 숫가락

단걀 당걀 달걀

꿀벌 꿀범 꿀벗

저운 저울 저웅

받침있는 글자

'ㅁ~ㅂ' 받침있는 글자

그림을 잘 보고, 받침이 바르게 쓰여진 글자를 찾아 동그라미를 그려 보세요.

냄비   냉비   낸비

잔자리   잠자리   장자리

다람쥐   다랑쥐   다랍쥐

컥   컴   컵

잔갑   장갑   잘갑

'ㅅ~ㅇ' 받침있는 글자

그림을 잘 보고, 받침이 바르게 쓰여진 글자를 찾아 동그라미를 그려 보세요.

버선   버석   버섯

나뭇잎   나뭍잎   나문잎

양말   얀말   얏말

가방   가발   가밤

푼선   풍선   품선

'ㅈ~ㅋ' 받침있는 글자

받침있는 글자

그림을 잘 보고, 받침이 바르게 쓰여진 글자를 찾아 동그라미를 그려 보세요.

젖소   젓소   적소

짖다   짇다   직다

꼿   꽃   꽂

윷놀이   윤놀이   윷놀이

부억   부엌   부언

받침있는 글자

'ㅌ~ㅎ' 받침있는 글자

그림을 잘 보고, 받침이 바르게 쓰여진 글자를 찾아 동그라미를 그려 보세요.

걷옷   것옷   겉옷

팥죽   팣죽   판죽

나뭇임   나뭇입   나뭇잎

노랏다   노랗다   노란다

쌓다   싼다   쌀다

의성어

시끌벅적 동물농장

동물농장은 오늘도 동물들의 울음소리로 시끌벅적해요.
동물의 울음소리가 어떻게 표현되는지 흐린 글자를 따라 쓰며 읽어 보세요.

음매음매

꿀꿀

꼬끼오

숲 속의 아침

숲 속의 친구들이 아침을 맞았어요.
각 모양을 흉내낸 말을 따라 써 보고, 큰 소리로 읽어 보세요.

방 굿 방 굿

깡 충 깡 충

폴 짝

엉 금 엉 금

뭉 게 뭉 게

훨 훨

활 짝

주 렁 주 렁

51

동사 익히기

무얼 하고 있나요?

그림을 잘 보고, 친구들이 어떤 동작을 하고 있는지 글자를 따라 써 보세요.

웃다

울다

서다

앉다

무얼 하고 있나요?

그림을 잘 보고, 친구들이 어떤 동작을 하고 있는지 글자를 따라 써 보세요.

밀다

끌다

던지다

받다

어떻게 표현하나요?

그림을 잘 보고, 각각의 표현을 따라 써 보세요.

기쁘다

슬프다

많다

적다

길다

짧다

작다

크다

무겁다

가볍다

무슨 색일까?

그림을 잘 보고, 색의 이름을 따라 써 보세요.

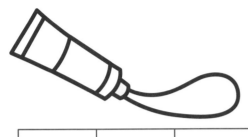

| 하 | 얀 | 색 |

| 빨 | 간 | 색 |

| 검 | 정 | 색 |

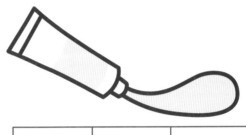

| 노 | 란 | 색 |

| 분 | 홍 | 색 |

| 초 | 록 | 색 |

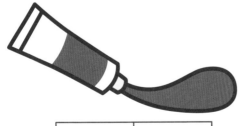

| 갈 | 색 |

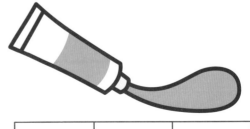

| 파 | 란 | 색 |

어떤 그림이 될까?

빈 칸에 쓰여진 색의 이름을 잘 보고, 맞는 색으로 그림을 예쁘게 색칠해 보세요.

계절

봄, 여름, 가을, 겨울

그림을 잘 보고, 그림에 맞는 계절이 무엇인지 글자 스티커를 붙여 보세요.

봄, 여름, 가을, 겨울

그림을 잘 보고, 그림에 맞는 계절이 무엇인지 글자 스티커를 붙여 보세요.

가을

겨울

하나, 둘, 셋, 넷, 다섯

그림을 보고 각각 몇 개인지 수를 세며 흐린 글자를 따라 써 보고,
그림자로 가려진 부분에 스티커를 붙여 보세요.

수 세기

여섯, 일곱, 여덟, 아홉, 열

그림을 보고 각각 몇 개인지 수를 세며 흐린 글자를 따라 써 보세요.

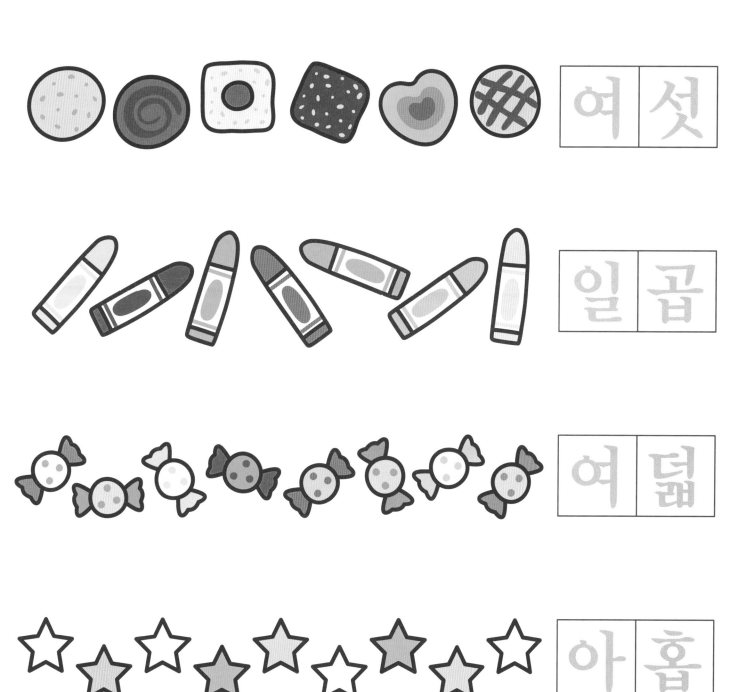

여	섯

일	곱

여	덟

아	홉

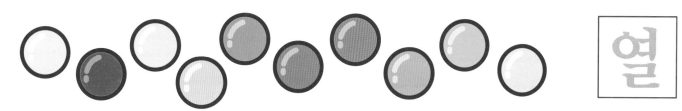

열

장난감 가게

위치

그림을 잘 보고, 흐린 글자를 따라 쓰며 장난감의 위치를 설명해 보세요.

장난감 가게

상자 안 에 있어요.

인형 위 에 있어요.

공 뒤 에 있어요.

블록 아래 에 있어요.

블록 옆 에 있어요.

로봇 앞 에 있어요.

삐에로 옆 에 있어요.

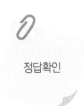

정답은 무얼까?

앞 페이지에서 풀었던 문제의 정답을 확인해 보세요.

14-15쪽

16-17쪽

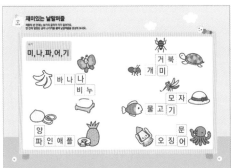

18-19쪽

26-27쪽

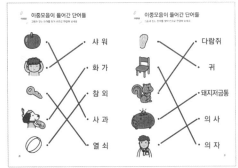

28-29쪽

42-43쪽

44-45쪽

46-47쪽

57쪽

• 3쪽에 붙이세요

• 5쪽에 붙이세요

• 7쪽에 붙이세요

• 9쪽에 붙이세요

• 11쪽에 붙이세요

• 13쪽에 붙이세요

• 14-15쪽에 붙이세요

오 끼
지 호 이 고
마
어

• 16-17쪽에 붙이세요

나 파 미 기

• 18쪽에 붙이세요

라 오 나
비 파 리

• 58-59쪽에 붙이세요

봄 여 름
가 을 겨 울

• 19쪽에 붙이세요

두 지 자
거 호 이

• 60쪽에 붙이세요